MAPEAMENTO DO FLUXO DE VALOR

- **Nomes:** Mapeamento do fluxo de valores (VSM), Mapeamento do fluxo de materiais e informação.

- **Utilizações:** este diagrama em papel inclui todos os processos de produção e gestão, e permite aos utilizadores dar um passo atrás em relação ao atual fluxo de trabalho e reorganizá-lo para melhorar a eficiência. É utilizado na análise de melhoria de processos, engenharia de processos e melhoria contínua.

- **Por que é bem-sucedido?** Em alguns setores da indústria e serviços de consultoria, esta ferramenta de cartografia muito completa permite aos usuários visualizar e compreender as ações empreendidas (pela empresa ou por um indivíduo) entre o momento em que o cliente coloca uma encomenda e o momento em que recebe o produto ou serviço.

- **Palavras-chave:**

  - <u>Melhoria contínua</u>: aumentar o desempenho de uma empresa através da incorporação regular de pequenas melhorias.

  - <u>Kaizen</u>: uma abordagem à gestão da qualidade através da melhoria contínua.

  - <u>*Lead time*</u>: o tempo necessário para produzir ou realizar algo.

MAPEAMENTO DO FLUXO DE VALOR

Reduzir o desperdício e maximizar a eficiência

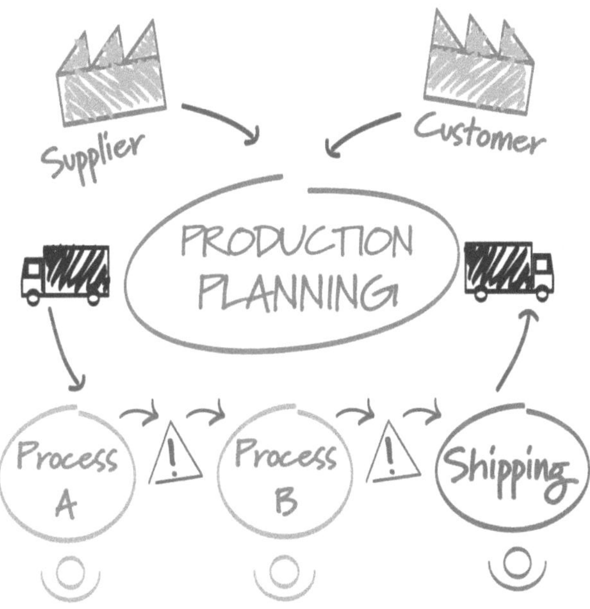

50MINUTES.com

MAPEAMENTO DO FLUXO DE VALOR

Reduzir o desperdício e maximizar a eficiência

escrito por Johann Dumser
traduzido por Alva Silva

50MINUTES.com

- *Lean management*: um tipo de gestão que envolve todos os trabalhadores e visa eliminar desperdícios, fontes de ineficiência, inibidores de desempenho e fases desnecessárias no processo de produção.

- *Lean thinking*: uma metodologia empresarial que visa proporcionar uma nova forma de pensar. Este tipo de gestão leva os usuários a analisar a organização das atividades humanas para aumentar o lucro e capacitar os indivíduos através da eliminação de resíduos.

- Mapeamento: a representação do funcionamento de uma organização sob a forma de um diagrama.

- Cadeia de valor de produção: as fases do processo de produção de um produto ou serviço, por ordem cronológica.

- Estratégias de *push* (empurrar) e *pull* (puxar): isto significa sugerir um produto ao cliente (empurrar) ou dar ao cliente o que ele pede (puxar).

Quer uma empresa esteja atravessando um período de crise ou de crescimento, deve ter sempre uma ideia precisa do fluxo de produtos e dos canais de comunicação relacionados. Esta reflexão deve abranger todo o processo de fabricação de cada produto, de modo a permitir-lhe otimizar a eficiência.

Uma vez que todas as empresas, desde as *start-ups* a PMEs e multinacionais, têm como objetivo maximizar os lucros, cada vez mais gestores estão adotando a abordagem *lean*, que envolve a eliminação sistemática de resíduos nos processos de fabricação.

Todos podemos refletir sobre a forma como as ações são tomadas na empresa. Embora seja importante, e mesmo essencial, sermos capazes de nos questionar regularmente como é óbvio, temos que estar conscientes de que muitas vezes não é o que não sabemos que causa mais problemas, mas sim o que erradamente consideramos ser verdade.

Seguindo esta lógica, departamentos conhecidos como Departamento de Gestão de Projetos têm sido implementados em algumas grandes empresas internacionais. O seu objetivo é normalizar a linguagem utilizada nos diferentes departamentos e coordenar projetos para encorajar a melhoria contínua. A partir destas sinergias combinadas e construtivas, emerge uma metodologia única: é pedido a cada funcionário que utilize uma linguagem clara, que seja compartilhada por todos em todas as iniciativas lançadas, com o objetivo de aumentar significativamente o valor para o cliente final.

A fim de permanecer competitiva (o que significa obter maior qualidade, menores custos de produção ou um ciclo de produção mais rápido), uma organização escolherá entre várias técnicas disponíveis. Uma delas é o mapeamento do fluxo de valores, que é uma das ferramentas de fabricação enxuta mais bem sucedida porque utiliza um diagrama simples para destacar conscientemente áreas de melhoria e oportunidades.

DEFINIÇÃO DE MAPEAMENTO DO FLUXO DE VALORES (VSM)

O mapeamento do fluxo de valores envolve a representação de operações, fluxos de informação e processos de dados sob a forma de um diagrama.

Fornece uma visão geral realista das operações no local, em vez de como estão estabelecidas nos procedimentos da empresa. O VSM é sempre realizado como parte da análise do processo de uma empresa. A análise do processo pode ser imposta pela direção, um gestor de operações, um gestor de qualidade para aumentar a eficiência, ou até mesmo ser oferecida por prestadores de serviços (tais como um consultor de melhoria) para revelar oportunidades previamente não identificadas.

Em um mundo ideal, todas as modificações do processo seriam acompanhadas por uma verificação, ou mesmo uma revisão, se necessário, a fim de descobrir se é essencial uma mudança no fluxo de trabalho.

 RESÍDUOS DE ACORDO COM TAIICHI OHNO

O engenheiro e empresário japonês Taiichi Ohno (1912-1990), considerado como o fundador do Sistema de Produção Toyota, identificou sete fontes de resíduos (*muda* em japonês) no seu livro *Toyota Production System: Beyond Large-Scale Production* (1988), traduzido como *O Sistema Toyota de Produção: além da produção em larga escala*. Desde então, estas foram estendidas a oito fontes de resíduos:

- **sobreprodução**, o que significa que a produção é realizada mais cedo, mais rapidamente ou em maiores quantidades do que o cliente pediu;

- **inventário**, que inclui reservas de matérias-primas, produtos de oleodutos e produtos acabados;

- **espera**, que refere-se ao tempo de espera de pessoas ou partes ao longo do ciclo de produção;

- **movimento**, o que significa os movimentos inúteis de pessoas ou material durante o processo de fabricação (movimento dos operadores);

- **transporte**, que é o transporte inútil de pessoas ou material entre processos de fabricação (movimento de objetos);

- **fazer produtos defeituosos**, o que inclui artigos defeituosos, falhas, repetições e correções no processo;

- **processamento extra**, que está processando além do nível exigido pelo cliente;

- **talento não utilizado**, que corresponde a competências mal utilizadas ou não utilizadas como um todo, essencialmente devido a uma falta de formação ou flexibilidade entre o pessoal.

TEORIA

VSM E CRIAÇÃO DE VALOR

Para compreender o conceito de VSM, podemos começar delineando os seus três componentes: valor, fluxo e mapeamento.

Valor

A cadeia de valor foi introduzida em 1985 pelo professor americano de estratégia empresarial Michael Porter (nascido em 1947), e tem como objetivo criar uma vantagem competitiva. Baseia-se na análise dos processos e procedimentos internos de uma empresa. Desta forma, cada ação na cadeia deve resultar na percepção de que foi criado valor (satisfação) para o cliente final, o que pode ser visto no aumento do volume de negócios para a empresa. Se o termo "valor" se referir a uma estimativa do montante que os clientes estão dispostos a pagar para obter um produto ou utilizar um serviço, as ações representadas no mapeamento do fluxo de valor podem ser descritas como "valor agregado" ou "sem valor agregado".

- As etapas de **valor agregado** incluem todas as atividades que aumentam o valor (de mercado ou funcional) do produto aos olhos do cliente; em outras palavras, as atividades pelas quais o cliente está preparado para pagar.

- As etapas **sem valor agregado** são as atividades que não trazem qualquer valor para o produto, o que as torna fontes de resíduos. Embora todos os gestores pretendam livrar-se destas etapas, algumas delas não podem ser evitadas (sem grandes investimentos).

O objetivo do VSM é identificar processos em que se gasta pouco tempo na criação de valor em relação ao total de tempo reservado para o trabalho (*lead time*). É necessário definir as melhorias para aplicar ao processo como um todo, a fim de aumentar a proporção de criação de valor.

Fluxo

O VSM resume todas as ações na cadeia de fornecimento de um produto ou serviço, levando-o do seu estado inicial (A) até à proposta de valor (B). É composto por uma série de processos definidos com base em uma linha temporal correspondente ao *lead time*, ou seja, o tempo entre o início e a execução do processo (A-B).

Três categorias de processos podem ser revistas no VSM:

- **processos orientadores** (gestão, estratégia, controle de qualidade, ambiente, segurança, finanças etc.);

- **processos operacionais** (fabricação, concepção, desenvolvimento, expedição etc.);

- **processos de apoio** (compras, recursos humanos etc.).

Mapeamento

O mapeamento é uma forma clara e simples de representar visualmente o funcionamento de uma empresa (na fabricação de um produto ou no desenvolvimento de um serviço). Esta ferramenta visa trabalhar sobre um todo e não apenas sobre uma parte isolada. Isto significa que a análise não se concentra no nível de uma máquina dentro de uma linha de produção, mas sim no nível da linha de produção como um todo.

O mapa deve ser sempre ordenado utilizando ícones e deve seguir determinadas normas para o tornar compreensível para todos os envolvidos. É organizado com base em três tipos principais de ações:

- fluxo de informação;

- fluxo de material;

- números.

 ## POR ONDE COMEÇO?

O método envolve os seguintes passos:

- seguir o processo de produção de um produto, começando com o cliente (uma necessidade) e continuando até ao fornecedor;

- representar cada ação no material e fluxo de informação visualmente;

- refletir sobre pontos-chave e elaborar a futura cadeia de valor.

VSM E AS SUAS VANTAGENS

Há várias vantagens em utilizar o VSM como ferramenta:

- oferece uma visão geral simples e transversal de todo o processo;

- incorpora toda a informação necessária para compreender visualmente os dois tipos de fluxo (informação e material);

- identifica os sinais e as causas dos resíduos;

- coordena a linguagem utilizada para discutir o processo graças a ícones e regras padronizadas, o que facilita o trabalho em equipe (análise, identificação de áreas a melhorar, transmissão de ideias etc.).

De forma mais ampla, o mapeamento do fluxo de valores apoia a demonstração da criação de valor e a resolução de problemas. Estabelece um diálogo eficiente, consistente e transversal entre os diferentes departamentos de uma empresa, bem como encoraja o desenvolvimento de uma cultura de perfeição.

APLICAÇÃO PRÁTICA

MELHORES PRÁTICAS – PASSO A PASSO

O VSM faz parte de uma abordagem DMAIC (Definir, Medir, Analisar, Melhorar, Controlar), porque a elaboração de um mapa não é único: é apenas a primeira etapa de um estudo clássico de melhoria de uma cadeia de valor.

Passo 1: definição da família de produtos

Antes de realizar o mapeamento do fluxo de valores, é necessário escolher uma família de produtos para analisar. Uma vez que as hipóteses de sucesso da sua abordagem dependem desta escolha, deve prestar muita atenção a ela.

Para parar uma área de trabalho, é necessário estar consciente de possíveis problemas atuais e do seu impacto. Por exemplo, poderia utilizar um gráfico de Pareto (um gráfico que representa a importância das diferentes causas de um fenômeno; o objetivo aqui é delinear uma zona de trabalho para realizar o VSM) ou pedir aos gestores de diferentes departamentos (como o chefe de produção ou o diretor). As principais questões que deve-se considerar são:

- Qual é o volume de negócios que esta família de produtos representa?

- Quais são as perdas causadas por estes produtos?

- Quais são as hipóteses de sucesso do mapeamento do fluxo de valores? (Não escolha uma área que seja muito difícil ou muito simples; não aborde a análise de toda a produção na sua empresa ou, inversamente, a análise de um único e muito simples departamento).

- Qual é a estratégia de produção?

IMPORTANTE

Não se surpreenda se lhe for pedido que estude os processos de uma família de produtos que geram poucos rendimentos. Isto pode revelar-se uma jogada inteligente se for responsável por grandes perdas.

Passo 2: criação do estado atual do VSM

A fim de criar uma nova versão melhorada do mapa da cadeia de valor de uma família de produtos, a primeira coisa a fazer é ter uma ideia precisa da situação atual e mapeá-la. Como é que as coisas funcionam agora? Quem faz o quê? Quanto tempo é preciso? Como é que os diferentes serviços se comunicam uns com os outros? Quais são as responsabilidades e as características específicas de cada posição na cadeia? As diferentes fases na elaboração do mapa são discutidas em pormenores a seguir. O objetivo aqui é fazer um balanço dos fluxos de material e informação, tentar compreender o funcionamento atual da oficina ou departamento, calcular o *lead time* e compreender as fontes e causas dos resíduos.

- **Fase zero: preparação.**
  - Comece por observar as atividades da fábrica ou do serviço.
  - Recolha informações precisas e atualizadas em nome da pessoa que pretende fazer este VSM. Se necessário, faça medições no solo com a ajuda de um temporizador, trabalhando em torno do circuito de matérias-primas e informação.
  - Comece o seu itinerário com o cliente e trabalhe o seu caminho de volta através do processo de fabricação. Faça uma lista dos processos que estão mais estreitamente ligados ao cliente final, a fim de identificar o que lhes é absolutamente útil.
  - Esboce à mão em um único lado de papel A3 ou A4.
- **Primeira fase: o cliente.**
  - Escreva "cliente" no canto superior direito.
- **Segunda fase: o processo de fabricação.**
  - Utilize o ícone "processo" (o material em curso de operação) e:
    - agrupar as posições pertencentes a um único processo sob o mesmo ícone;
    - incluir as informações importantes sobre o processo na caixa abaixo (como o tempo de ciclo, tempo de valor acrescentado, período, tempo de mudança de fabricação, número de cada peça

por hora, tempo de trabalho disponível, e assim por diante).

  - Utilize o ícone "estoque".

- **Terceira fase: o fornecedor.**

  - Escreva "fornecedor" no canto superior esquerdo.

  - Indique a frequência e o modo de entrega (como informação junto do fornecedor):

    - uma grande seta indica uma entrega primária entre duas fábricas;

    - um caminhão (ou um barco, um avião, e assim por diante) indica o modo de entrega.

- **Quarta fase: informação.**

  - Desenhe uma linha reta para fluxos de informação física (por exemplo, correio) ou uma linha em zigue-zague para fluxos de informação eletrônica.

  - Indique a frequência (de envio ou transmissão) em uma caixa ao lado.

  - Especifique o modo (internet, papel etc.):

    - o modo *push*, que se baseia na previsão das necessidades para o processo inicial, resulta, frequentemente, em estoques intermediários entre processos;

    - o modo *pull*, que representa uma procura de produção desde o processo inicial até ao processo final, reduz o número de artigos em produção.

- **Quinta fase: a linha do tempo.**

  - Desenhe a linha sob as caixas de processo de fabricação e ícones de estoque para calcular o *lead time*, ou seja, todo o tempo necessário para cada fase (correspondente ao tempo de processamento) e o tempo de armazenamento.

- **Sexta fase: mapeamento da cadeia de valor completo.**

  - Quando o mapa da situação atual estiver completo, comece a analisar e observar as áreas de resíduos e a delinear possíveis melhorias para criar o VSM do estado futuro que pretende.

Passo 3: análise

Uma vez concluída esta etapa, a próxima coisa a fazer é analisar e observar os fluxos de material e informação em pormenores, a fim de determinar o que funciona eficientemente e o que não funciona tão bem. Esta fase é particularmente crucial, pois permite identificar os resíduos e as áreas a melhorar. Certifique-se de que envolve as pessoas certas – quer sejam os chefes de serviços, participantes no processo ou gestores de projeto que irão supervisionar a transição – e estas devem estar abertas a melhorias e mudanças.

Este exercício deve ser bem preparado e bem apresentado, a fim de evitar apressar as pessoas cujo trabalho encontra-se no VSM. O objetivo aqui é mostrar-lhes que é possível tornar o seu trabalho mais rentável e criar mais valor para o cliente, seja ele interno ou externo.

Como regra geral, a simples tomada em consideração dos principais fatores de melhoria abaixo indicados terá um impacto no resultado final:

- fabricação *just in time*;

- implementação geral de um fluxo contínuo sempre que possível, com o objetivo de reduzir ou mesmo eliminar estoques, ou inserção em grandes mercados (estoques intermediários geridos por quadros Kanban);

- agrupamento de todas as informações sobre a encomenda do cliente em um único processo (conhecido como o "processo de *pacemaker*") que orienta os outros processos.

Passo 4: criação do estado ideal para o VSM

Armado com as suas observações e as medidas que planejou, esta etapa permitir-lhe-á elaborar um mapa detalhando as oportunidades de melhoria identificadas anteriormente. O objetivo final do VSM de estado ideal é reduzir o tempo sem valor agregado para que o tempo total seja o mais próximo possível do tempo com valor agregado. Em geral, são necessários cerca de três a cinco dias úteis para elaborar o estado atual e o estado ideal do VSM.

Passo 5: definição do plano de ação

Para cada mudança, a equipe responsável pelo projeto organizará um plano de ação. Será importante quantificar os benefícios e as soluções associadas (custos/

recursos) para convencer a direção das ações previstas e assegurar a sua aprovação. A implementação de um plano de ação pode demorar vários meses ou mesmo vários anos.

Passo 6: implementação

Uma vez aprovado o orçamento, realizada a gestão de riscos e detida a organização, é tempo de colocar em prática o plano. Isto inclui desenvolvimento, aceitação, formação de funcionários e gestão da mudança.

RECOMENDAÇÕES

Há duas grandes áreas a que se deve prestar particular atenção: a organização da equipe e a metodologia.

Se o VSM for mal compreendido, resultará em perda de tempo.

ESTUDO DE CASO

Vamos nos concentrar no atual estado de VSM da empresa fictícia Forest LPC, que fabrica mobiliário. A família de produtos que estamos estudando para este exercício são os bancos.

Primeira fase: o cliente

- O cliente é colocado no canto superior direito.

Segunda fase: o processo de fabricação

- Esta fase compreende quatro processos: pintura, montagem, embalagem e expedição.

- A par de cada processo estão os postos de trabalho e informações importantes (tempo de ciclo, tempo de troca ou alterações de uma máquina para produzir outro produto, turnos, e assim por diante).

- Os estoques intermediários em cada fase são também preenchidos.

Terceira fase: o fornecedor

- O fornecedor é indicado no canto superior esquerdo.

- A entrega semanal é efetuada por caminhão.

Quarta fase: informação

- As previsões semanais de procura são enviadas pelo cliente para a empresa via e-mail.

- As encomendas são transmitidas ao fornecedor por fax.

- É dado um horário semanal a cada posição interna da empresa.

- A informação e os fluxos físicos (ou materiais) são, então, claramente representados.

Quinta fase: a linha do tempo

- Uma linha temporal é adicionada por baixo das caixas do processo de fabricação e ícones de estoque.

- O processo tem um *lead time* de 19 dias e um tempo de processamento de 365 segundos.

Sexta fase: VSM completo

O mapeamento da situação atual está, portanto, terminado. Chegou o momento de o analisar, observar áreas de resíduos e identificar possíveis melhorias. Podemos listar as seguintes fontes de melhoria, incluindo-as no diagrama, o que nos permitirá preparar o mapa da situação-alvo:

- basear o planejamento em encomendas semanais de clientes em vez de previsões;

- criar um sistema de *pull* para o planejamento da produção;

- criar um grande mercado pouco antes do início da pintura;

- eliminar as falhas de pintura;

- combinar os processos de embalagem e expedição.

IMPACTO

LIMITAÇÕES E CRÍTICAS

Além das suas muitas vantagens, o mapeamento do fluxo de valores tem algumas limitações.

- **Possíveis erros na elaboração do mapa.**
  - Os erros podem surgir devido a um levantamento, transcrição ou análise incorreta dos dados. Para evitar isto, utilizar peritos que possam analisar a situação objetivamente e equipes multidisciplinares.
  - Preste sempre atenção ao que está analisando, porque alguns processos não precisam ser revistos.

- **É apenas um instrumento.** O mapeamento do fluxo de valores não é único; revela problemas na empresa, ajuda os usuários a refletir e, acima de tudo, deve levar à ação.

  Não vale a pena analisar se não se puser em prática um plano de ação! Assegure-se de não ficar atolado na fase de análise. Além disso, se diferentes grupos estiverem trabalhando em projetos *lean*, deve-se ter o cuidado de os coordenar bem para obter o melhor de todos os projetos.

- **Negligência dos aspectos humanos e sociais.** O VSM é um instrumento técnico que trata apenas dos aspectos físicos, das interações e da orientação dos fluxos. Não incorpora as dimensões social, humana e organizacional, as quais são, no entanto, muito importantes em um projeto *lean*. Esta tendência é ainda mais acentuada no setor industrial, onde os gestores estão muito concentrados no lado técnico das coisas, mas estão menos inclinados a pensar nas questões humanas.

- **Utilização restritiva de símbolos normalizados.** Os símbolos existentes podem travar a procura de soluções inovadoras. No entanto, a inovação é cada vez mais necessária para as empresas que estão tentando se manter competitivas.

MODELOS E EXTENSÕES RELACIONADAS

DMAIC

O modelo DMAIC (Definir, Medir, Analisar, Melhorar, Controlar) é uma abordagem estruturada que permite aos usuários resolver problemas. Fornece à equipe de melhoria contínua uma base de cinco etapas a partir da qual trabalhar. Neste poderoso método de gestão de projetos *lean*, a fase de definição é fundamental.

- Definição: identificação do objeto de estudo e descrição do objetivo do trabalho a ser realizado pela equipe.

- Medida: levantamento de informações para completar o mapa dos processos e definição dos indicadores de desempenho para acompanhar o projeto de forma eficaz.

- Análise: identificação das causas dos problemas e análise das suas fontes.

- Melhora: sugestão de soluções, planejamento de ações, implementação das medidas escolhidas.

- Controle: comparação dos efeitos esperados e resultados obtidos após a implementação de soluções, comunicação sobre o projeto, revisão para tirar conclusões.

Produção enxuta

Este conhecido método de eliminação de resíduos requer alguma inteligência coletiva para resultados convincentes: as equipes que trabalham neste projeto *lean* devem ser motivadas, coordenadas e determinadas a encontrar soluções. Os cinco elementos-chave são:

- a definição de valor agregado do ponto de vista do cliente;

- a identificação da cadeia de valor no que diz respeito às diferentes fases de produção;

- especial atenção aos fluxos, assegurando que as fases de valor agregado não são interrompidas;

- puxar fluxos, dando prioridade às encomendas dos clientes em vez de previsões;

- perfeição, estabelecendo objetivos ambiciosos e introduzindo uma dinâmica de melhoria contínua.

Kaizen

Kaizen é o termo japonês para "melhoria contínua", e baseia-se em pequenas melhorias introduzidas diariamente, com todas as pessoas envolvidas no processo, participando e fazendo o esforço necessário.

O Kaizen não conduz imediatamente a resultados espetaculares porque é introduzido lentamente, mas muitas vezes revela-se muito mais eficaz a longo prazo. Pode ser contrastado com a inovação, que requer grandes investimentos e envolve mudanças súbitas.

SIPOC

Esta ferramenta de modelização implica a elaboração de um quadro geral do funcionamento macro de um determinado processo. O diagrama SIPOC (Fornecedores, Entradas, Processos, Saídas, Clientes) permite aos usuários definir os limites do macroprocesso, resumir as entradas e saídas e identificar os fornecedores e clientes. Mas atenção: representa apenas fluxos de materiais.

RESUMO

- O VSM é a ferramenta-chave do *lean manufacturing*. O seu objetivo é detectar fontes de resíduos na cadeia de valor de uma determinada família de produtos.

- Atualmente, o VSM é utilizado em todos os domínios da indústria porque responde à necessidade universal e crescente de reduzir os custos de produção.

- É uma boa ideia começar uma transformação enxuta com o mapeamento do fluxo de valor. É necessário conhecer não só as diferentes fases, mas também as melhores práticas para assegurar uma visão clara dos procedimentos que compõem uma empresa.

- O estado atual e o estado ideal do VSM são parte de um método de melhoria contínua. Este método é utilizado não só para descrever a situação atual, mas também para imaginar e estabelecer uma situação futura mais eficiente, mais reativa, menos dispendiosa e mais coordenada. O diagrama dos fluxos de informação e de materiais permite aos usuários abordar duas questões ao mesmo tempo: a redução de resíduos e a melhoria das condições de trabalho.

- O contexto da organização em torno do projeto é essencial para assegurar o seu sucesso. Equipes multidisciplinares, incluindo pessoas tão próximas do local quanto possível, e o firme empenho da direção são fatores-chave nesta abordagem de mudança.

- Finalmente, é também importante estar consciente das limitações deste método. Em particular, o VSM não se concentra na análise dos aspectos sociais, psicológicos e organizacionais.

- O VSM é um dos métodos mais utilizados graças à sua facilidade de utilização e eficácia em inspirar os usuários a refletir.

LEITURA ADICIONAL

BIBLIOGRAFIA

Davis, J. (2006) *Lean Manufacturing*. Nova Iorque: Imprensa Industrial.

Fouque, F. (2009) *À la découverte du Lean Six Sigma*. Mions: Édition Fouque.

Hohmann, C. (2009) *Techniques de productivité. Comentário gagner des points de performance pour les managers et les encadrants*. Paris: Éditions Eyrolles.

Hohmann, C. (Sem data) Lean Enterprise. *Christian.Hohmann. fr.* [Online]. Acessado em 26 de julho de 2017. Disponível em: <http://christian.hohmann.free.fr/index.php/lean-entreprise>

Lean Enterprise Institute. (Sem data) O que é Lean? *Lean. org.* [Online]. Acessado em 26 de julho de 2017. Disponível em: <https://www.lean.org/whatslean/>

Ohno, T. (1988) *Toyota Production System: Para além da Produção em Grande Escala*. Nova Iorque: Productivity Press.

Porter, M. E. (1985) *Vantagem Competitiva: Criação e sustentação de desempenho superior*. Nova Iorque: Imprensa Livre.

Rother, M. e Shook, J. (1999) *Learning to See*. Nova Iorque: Productivity Press.

Subramaniam, A. (2010) VSM – Atual & Futuro: Como maximizar o fluxo global? *SlideShare*. [Online]. Acessado em 26 de julho de 2017. Disponível em: <https://fr.slideshare.net/anandsubramaniam/vsm-current-future>

Womack, J. P. e Jones, J. T. (1996) *Lean Thinking*. Nova Iorque: Free Press.

FONTES ADICIONAIS

Site Conceptdraw. Disponível em: <http://conceptdraw.com/samples/quality-VSM>

Site Marris Consulting. Disponível em: <http://www.marris-consulting.com/>

Site Strategos. Disponível em: http://www.strategosinc.com/>

VÍDEO

O Grupo Karen Martin. (2014) *Mapa do fluxo de valores: Estudos de caso*. [Online]. Acessado em 26 de julho de 2017]. Disponível em: <https://www.youtube.com/watch?v=ZPNq5k24vgY&feature=youtu.be>

Queremos ouvir você!
Deixe um comentário sobre a sua biblioteca online
e compartilhe os seus livros favoritos nas redes sociais!

A editora assegura a fiabilidade da informação publicada, a qual, no entanto, não poderia assumir a sua responsabilidade.

Mestre ISBN: 9782808065566
Papel ISBN: 9782808065856
Depósito legal: D/2022/12603/114

Desenho digital: Primento,
o parceiro digital dos editores.